essentials

essentials liefern aktuelles Wissen in konzentrierter Form. Die Essenz dessen, worauf es als „State-of-the-Art" in der gegenwärtigen Fachdiskussion oder in der Praxis ankommt. *essentials* informieren schnell, unkompliziert und verständlich

- als Einführung in ein aktuelles Thema aus Ihrem Fachgebiet
- als Einstieg in ein für Sie noch unbekanntes Themenfeld
- als Einblick, um zum Thema mitreden zu können

Die Bücher in elektronischer und gedruckter Form bringen das Expertenwissen von Springer-Fachautoren kompakt zur Darstellung. Sie sind besonders für die Nutzung als eBook auf Tablet-PCs, eBook-Readern und Smartphones geeignet. *essentials:* Wissensbausteine aus den Wirtschafts-, Sozial- und Geisteswissenschaften, aus Technik und Naturwissenschaften sowie aus Medizin, Psychologie und Gesundheitsberufen. Von renommierten Autoren aller Springer-Verlagsmarken.

Weitere Bände in dieser Reihe http://www.springer.com/series/13088

Marco Furtner

Dynamische Mitarbeiterführung

Achtsam und flexibel Führungssituationen meistern

Marco Furtner
Institut für Psychologie
Universität Innsbruck
Innsbruck, Österreich

ISSN 2197-6708   ISSN 2197-6716   (electronic)
essentials
ISBN 978-3-658-17194-0   ISBN 978-3-658-17195-7   (eBook)
DOI 10.1007/978-3-658-17195-7

Die Deutsche Nationalbibliothek verzeichnet diese Publikation in der Deutschen Nationalbibliografie; detaillierte bibliografische Daten sind im Internet über http://dnb.d-nb.de abrufbar.

Gedruckt auf säurefreiem und chlorfrei gebleichtem Papier

Springer Gabler ist Teil von Springer Nature
Die eingetragene Gesellschaft ist Springer Fachmedien Wiesbaden GmbH
Die Anschrift der Gesellschaft ist: Abraham-Lincoln-Str. 46, 65189 Wiesbaden, Germany

Was Sie in diesem *essential* finden können

- Eine grundlegende Beschreibung von Mindfulness als Basis für die dynamische Mitarbeiterführung
- Eine Einführung in die Funktionsweise der dynamischen Mitarbeiterführung
- Dynamische Mitarbeiterführung als Führungsansatz, welcher viele unterschiedliche und situationsangemessene Formen des Führungsverhaltens beschreibt
- Darlegung der situativen Vorzüge verschiedener Formen von Führungsverhalten

Vorwort

Das vorliegende Buch repräsentiert den dritten Teil einer Führungstetralogie, welche vom Autor in der *essentials*-Reihe vom Springer Gabler Verlag erscheint. Dynamische Mitarbeiterführung beschreibt das Gegenteil von einer rigiden Führungskraft, welche in allen Situationen dasselbe starre Führungsverhalten zeigt. Eine moderne Führungskraft verfügt über ein breites Spektrum von unterschiedlichen Arten des Führungsverhaltens. Sie versteht es auf flexible Art und Weise, ihr Führungsverhalten jeweils angemessen an bestimmte Situationen anzupassen. Hierfür benötigt die Führungskraft ein bestimmtes Ausmaß an Mindfulness (Achtsamkeit), damit sie sich fortlaufend ihrer selbst, ihrer Umwelt und der jeweiligen Führungssituation bewusst ist. Dadurch kann sie rasch und flexibel auf sich verändernde Umweltbedingungen reagieren und ihr Führungsverhalten anpassen. Im ersten Buch „Effektivität der transformationalen Führung" und im zweiten Buch „Empowering Leadership" werden zwei sehr effektive Formen von Führungsverhalten beschrieben, welche im besonderen Ausmaß die Leistung, die Kreativität und die Innovation fördern. Im vierten Buch „Dark Leadership" erfolgt die Beschreibung der bislang noch relativ jungen „dunklen" Führung. Sowohl die narzisstische, machiavellistische als auch psychopathische Führung werden dargestellt.

Innsbruck, Österreich
im Herbst 2016

Marco Furtner

Inhaltsverzeichnis

Einleitung

Wenn wir uns mit effektiver und „guter" Führung beschäftigen, begeben wir uns zu Beginn häufig auf die Suche nach *einem* optimalen („besten") Führungsverhalten, welches in allen Situationen zum Erfolg führen soll (z. B. transformationale Führung) oder wir fokussieren uns ausschließlich auf wichtige Teilaspekte von Führung (z. B. Kommunikation, Vertrauen, authentische und ethische Führung). Dadurch können wir zwar die Komplexität reduzieren, verlieren jedoch den ganzheitlichen Blick auf das vielschichtige Thema Führung. Sogar der einflussreichste Führungsansatz der vergangenen Jahrzehnte (das Full Range Leadership-Modell; Bass und Avolio 1990) wird dahin gehend kritisiert, dass er sich mit einer zu vereinfachten Darstellung dem komplexen Thema Führung nähert (z. B. Pearce 2007; Yukl 1998). Da die äußeren Umstände die Komplexität von Führung stark erhöhen und die bislang beschriebenen situativen Führungsansätze als zu „intuitiv" und empirisch wenig belegt gelten, wird der Führungskontext häufig zu wenig berücksichtigt. Situative Führungsansätze (z. B. Kontingenzmodell von Fiedler) versuchen, die dynamische Komplexität des Führungsalltages zu berücksichtigen, scheitern jedoch bislang an der empirischen Umsetzung. Dennoch nimmt die Situation im Führungsalltag eine wichtige Rolle ein: Sims et al. (2009) bringen es auf den Punkt, indem sie folgende Frage in den Raum stellen: „What style of leadership is best?" Und sich sogleich die Antwort geben: „It depends on the situation!" In der Führungsliteratur existieren immer wieder Ansätze, die unterschiedlichen Arten von Führungsverhalten mit spezifischen Situationen in Verbindung zu bringen (Houghton und Yoho 2005; Sims et al. 2009). Aktuellste Studien zeigen, dass Führungskräfte ihr Führungsverhalten sowohl täglich als auch wöchentlich variieren können (z. B. Breevaart et al. 2014). Der Führungsalltag ist sehr komplex und es existiert demnach nicht nur *ein* ideales Führungsverhalten. Dynamische Mitarbeiterführung verknüpft die jahrzehntelange

© Springer Fachmedien Wiesbaden GmbH 2017
M. Furtner, *Dynamische Mitarbeiterführung,* essentials,
DOI 10.1007/978-3-658-17195-7_1

Forschung zu den unterschiedlichen Arten des Führungsverhaltens (z. B. direktive, transaktionale, transformationale und ermächtigende Führung) und zeigt auf, wie eine effektive Führungskraft in spezifischen Situationen ihr Führungsverhalten verändert und ein entsprechend passendes Führungsverhalten zeigt. Eine dynamische und flexible Führungskraft zeigt eine höhere Achtsamkeit für sich selbst, ihre Geführten sowie bestimmte Führungssituationen und passt ihr Führungsverhalten jeweils an. Mindfulness (Achtsamkeit) unterstützt diesen Prozess und dient als wichtige Basis für dynamisches Führungsverhalten. Eine achtsame Führungskraft nimmt jeden einzelnen Moment sehr bewusst wahr, zeichnet sich durch eine sehr hohe Reflexions- sowie Lernfähigkeit aus und kann sich selbst, ihre Geführten und Situationen richtig einschätzen und ihr Führungsverhalten entsprechend anpassen.

In Kap. 2 wird mit Mindfulness eine zentrale Grundlage für die dynamische Mitarbeiterführung beschrieben. In Kap. 3 erfolgt zunächst eine Einführung in den Grundgedanken zur dynamischen Mitarbeiterführung und in weiterer Folge werden die verschiedenen Arten des Führungsverhaltens beschrieben: 1) Direktive und aversive Führung, 2) transaktionale Führung: Contingent Reward, 3) transformationale Führung, 4) Empowering Leadership und 5) passiv-vermeidende Führung: kontrollierendes Führungsverhalten (aktives Management by Exception – MBE) und die beiden passiven Formen von Führungsverhalten (passives Management by Exception – MBE und Laissez-faire). Mit Ausnahme der beiden letztgenannten passivsten Arten des Führungsverhaltens werden die Vorzüge des jeweiligen Führungsverhaltens für bestimmte situative Umstände (z. B. Dringlichkeit, Art der Aufgabe, Geführte) beschrieben. In Kap. 4 erfolgt ein Überblick zur strategischen Auswahl der unterschiedlichen Arten des Führungsverhaltens in den entsprechenden Situationen und eine Einteilung in verschiedene Gruppen (Gruppe 1: aufgabenbezogen/autoritär: direktive, kontrollierende (aktives MBE) und aversive Führung; Gruppe 2: aufgabenbezogen/transaktional: transaktionale Führung (Contingent Reward); Gruppe 3: mitarbeiterbezogen/demokratisch: transformationale und ermächtigende Führung).

Mindfulness: Basis für die dynamische Mitarbeiterführung

Mindfulness ist die absichtsvolle (zielorientierte) und nicht-bewertende *Beobachtung* aller Erfahrungen im gegenwärtigen Moment. Achtsam zu führen bedeutet, eine aufmerksame Haltung einzunehmen und im Hier und Jetzt zu führen. Eine achtsame Führungskraft beobachtet fortlaufend alle inneren (z. B. Gedanken, Emotionen) und äußeren Prozesse (z. B. Bedürfnisse der Mitarbeiter und der Organisation). Dadurch erlangt die Führungskraft Macht, Wissen und Kontrolle sowohl über ihre Innen- als auch Außenwelt. Achtsame Führungskräfte sind sich im gegenwärtigen Moment all ihrer Gedanken, Emotionen und Verhaltensweisen bewusst und nehmen eine fortlaufend aufmerksame Haltung ein. Sie nehmen vermehrt eine (dezentralisierte) Beobachterperspektive ein, agieren als relativ unbeteiligte Beobachter und entwickeln einen „Helikopterblick" für sich selbst, das Führungsverhalten, die Bedürfnisse der Geführten und die situativen Umstände der Organisation. Dadurch erlangen achtsame Führungskräfte eine sehr hohe Flexibilität bezüglich ihres Führungsverhaltens. Sie lernen, dass die Effektivität eines bestimmten Führungsverhaltens von der Situation (z. B. Motivation und Erfahrung der Geführten) abhängig ist.

In der Führungsrealität existiert nicht nur ein einziges optimales oder „perfektes" Führungsverhalten, welches immer zum Führungserfolg beiträgt (Sims et al. 2009). Demnach gibt es kein „Patentrezept" für effektives Führungsverhalten. Im Führungsalltag muss eine Führungskraft lernen, ihr Führungsverhalten zu variieren. In einer bestimmten Situation formuliert sie mitreißende Visionen und begeistert ihre Geführten, zu einem anderen Zeitpunkt ist sie streng, kontrollierend und zeigt sich durchsetzungskräftig. In einer weiteren Situation vereinbart sie gemeinsam mit ihren Geführten Ziele, welche in einem bestimmten Zeitraum erreicht werden sollen. In bestimmten Momenten zeigt die Führungskraft ihre einfühlsame und herzliche Seite. Ein weiteres Mal teilt sie sich die Macht sowie das Wissen mit ihren Geführten und gewährt den nötigen Freiraum zur

© Springer Fachmedien Wiesbaden GmbH 2017
M. Furtner, *Dynamische Mitarbeiterführung*, essentials,
DOI 10.1007/978-3-658-17195-7_2

Förderung von Kreativität und Innovation. Im Führungsalltag muss eine effektive und reflexive Führungskraft erkennen, welches Führungsverhalten in der jeweiligen Situation wirksam ist und zum Führungserfolg beiträgt. Eine achtsame Führungskraft lernt, wie sie sich selbst und ihr Umfeld fortlaufend beobachtet und im gegebenen Moment rasch und flexibel ein passendes Führungsverhalten einsetzt. Im Rahmen der dynamischen Mitarbeiterführung ist Mindfulness demnach eine zentrale Basis, da es sowohl die Lern- und Reflexionsfähigkeit der Führungskraft für bestimmte Führungssituationen steigert als auch dazu beiträgt, dass eine Führungskraft rasch ihr Führungsverhalten an die jeweilige Situation anpassen kann. Zudem muss eine Führungskraft darauf achten, dass sie ein authentisches Verhalten zeigt. Das heißt, dass ihre Gedanken, Worte und Taten übereinstimmen und sie als glaubwürdig wahrgenommen wird.

Führungskraft und Schauspieler: Variation des Führungs- und Rollenverhaltens

Analog zu einer achtsamen Führungskraft, welche ihr Führungsverhalten flexibel an verschiedene Situationen anpasst, müssen auch „gute" Schauspieler ihr Verhalten an unterschiedliche Rollen und Situationen in Einklang bringen. Was zeichnet gute Schauspieler aus? Sie sollten ihre Rollen authentisch, das heißt natürlich und glaubwürdig vermitteln. Am Beispiel der berühmten Schauspielmethode des „Method Acting" von Lee Strasberg wird deutlich, wie persönliche Erfahrungen dazu genutzt werden, um der aktuellen Rollensituation so nahe wie möglich zu kommen. Schauspieler integrieren ihre emotionalen Erlebnisse und identifizieren sich zu 100 % mit ihrer jeweiligen Rolle. Dadurch wirken sie natürlich und authentisch. Die Oscar-Preisträger Al Pacino, Dustin Hoffmann, Robert De Niro und Daniel Day-Lewis sind berühmte Schauspieler nach der Method-Acting-Methode. Übertragen auf den Führungskontext zeigt sich, wie wichtig es für eine effektive Führungskraft ist, einerseits unterschiedliche Arten des Führungsverhaltens zu zeigen, sich mit diesen zu identifizieren und authentisch zu bleiben. Sowohl Schauspieler als auch Führungskräfte, welche ihre Rolle oder ein bestimmtes Führungsverhalten lediglich „drehbuchmäßig" nachahmen und sich nicht zu 100 % mit ihrer (Führungs-)Rolle identifizieren, werden als wenig natürlich und authentisch wahrgenommen. Dies mindert wiederum den schauspielerischen Erfolg oder den Führungserfolg.

In ihrem Buch „Resonant Leadership" stellen sich Boyatzis und McKee (2005) die Frage, ob Mindfulness einen Platz in der Management- und Führungsliteratur haben sollte. Die Autoren bejahen diese Frage enthusiastisch. Aus ihrer Sicht stellt Mindfulness die praktische Anwendung von Selbstbewusstheit, Selbstmanagement und sozialer Bewusstheit dar. Eine achtsame Führungskraft entwickelt zugleich die Fähigkeiten zu einer höheren Selbstregulation und -kontrolle sowie emotionalen Intelligenz (Brown und Ryan 2003; McKee und Massimilian 2006). Mindfulness steht in engem Zusammenhang mit der Entwicklung einer höheren Authentizität von Führungskräften: Nach Bill George (2012), Professor an der Harvard Business School, verhilft „Mindful Leadership" zu einer höheren Selbstkontrolle und Emotionsregulation, insbesondere in stressreichen Situationen. Achtsame Führungskräfte sind sich ihrer gegenwärtigen Gedanken sowie Gefühle bewusst und wissen, welche Auswirkungen ihr Führungsverhalten auf andere Menschen ausübt. Nach dem Motto „Slow down to speed up" sollten Führungskräfte in ihrem Alltag zuerst ihre Gedanken und ihren Geist (Mind) beruhigen, damit sie sich dann wieder mehr auf ihre wesentlichen (Langzeit-)Ziele fokussieren können (George 2012; McKee und Massimilian 2006). Ein wichtiges Mittel hierfür sind spezifische Achtsamkeitsübungen.

Achtsamkeitsbasierte Übungen und Trainings (z. B. Mindfulness Based Stress Reduction, MBSR) zeigen eine Vielzahl von positiven Auswirkungen auf die psychische und physische Gesundheit sowie die kognitive Leistungsfähigkeit:

- Reduktion von Angst, Stress, Depression und Burn-out (Khoury et al. 2015)
- Verbesserung der kognitiven Leistungsfähigkeit und des Gedächtnisses (Quach et al. 2016)
- Stärkung der Immunabwehr (Black und Slavich 2016)
- Erhöhung der Lebensqualität (Gotink et al. 2015; Khoury et al. 2015)
- Steigerung der körperlichen Leistungsfähigkeit (Gotink et al. 2015)
- Verbesserung der Emotionsregulation und -kontrolle (Teper et al. 2013)
- Positive Veränderung der Gehirnstruktur (z. B. präfrontaler Cortex für eine stärkere Selbstkontrolle und Hippocampus für bessere Erinnerungsleistungen; Fox et al. 2014)

Werden die jahrzehntelangen Studienergebnisse aus der klinischen und neurowissenschaftlichen Forschung auf den Führungskontext übertragen, dann kann daraus gefolgert werden, dass eine achtsame Führungskraft sowohl über eine höhere psychische und physische Gesundheit verfügt, besser mit stressbedingten Zuständen umgehen kann und auch eine höhere körperliche und geistige Leistungsfähigkeit aufweist. In der Interaktion mit ihren Geführten kann sie sich selbst und ihre Emotionen besser kontrollieren und beeinflussen. Demnach kann Mindfulness nicht nur im Rahmen der dynamischen Mitarbeiterführung (höhere Bewusstheit und Flexibilität bezüglich unterschiedlicher Arten des Führungsverhaltens) einen

Mehrwert liefern, sondern hat positive Effekte auf die geistige sowie körperliche Gesundheit und die Leistungsfähigkeit der Führungskräfte. Dennoch hat die Führungsforschung das Potenzial von Mindfulness erst entdeckt und wissenschaftliche Studien zu den Beziehungen zwischen Mindfulness und Leadership sind noch sehr überschaubar. Die positiven Effekte auf die Selbst- und Emotionsregulation lassen erwarten, dass sich Mindfulness als wichtiges Basiskonzept für Leadership etablieren wird. In einer der ersten Studien, welche die Bedeutsamkeit von Mindfulness als psychologische Ressource für Führungskräfte betont, überprüften Roche et al. (2014) an insgesamt vier Stichproben (Top-Management, mittleres Management, unteres Management und Unternehmer) die Beziehungen zwischen Mindfulness und dem Wohlbefinden der Führungskräfte. In allen Stichproben zeigten achtsame Führungskräfte geringere Ausprägungen bezüglich Angst, Depression, negativen Gefühlen und Burn-out (emotionale Erschöpfung). Das heißt, achtsame Führungskräfte können negativen arbeits- und stressbedingten Folgeeffekten (z. B. Ängste, Burn-out) vorbeugen. Auf Basis der Studienergebnisse kann gefolgert werden, dass Mindfulness eine wichtige Ressource für Führungskräfte sein kann, um sowohl deren Wohlbefinden, Widerstandsfähigkeit als auch Ausdauer in dynamischen und herausfordernden Umwelten zu erhöhen. Achtsame Führungskräfte verfügen nicht nur selbst über ein erhöhtes Wohlbefinden, sie haben zudem Einfluss auf das Wohlbefinden und die Leistung ihrer Geführten: In zwei Studien konnten Reb et al. (2014) positive Beziehungen zwischen der Achtsamkeit der Führungskraft und dem Wohlbefinden sowie der Arbeitsleistung der Geführten nachweisen. Wie lassen sich die positiven Effekte einer achtsamen Führungskraft auf ihre Geführten erklären? Reb et al. (2014) sehen eine Verbindung von Mindfulness zur authentischen Führung. Für Avolio et al. (2004) benötigen authentische Führungskräfte ein höheres Gewahrsein über sich selbst, über andere Menschen und über den Kontext. Mindfulness wird als zentrale Grundvoraussetzung für eine authentische Führungskraft gesehen (Gardner et al. 2005). Im Rahmen der dynamischen Mitarbeiterführung ist Mindfulness demnach von zweifach zentralem Nutzen:

1. *Höhere Bewusstheit:* Eine Führungskraft, welche ihr Führungsverhalten angemessen an die jeweiligen Situationen anpasst, muss sich ihrer selbst, ihrer Geführten und der Situation gewahr sein.
2. *Höhere Authentizität und Flexibilität:* Ein spontaner und häufiger Wechsel des Führungsverhaltens soll nicht dazu führen, dass die Führungskraft „künstlich" wirkt. Mindfulness als zentrale Basis für die authentische Führung ist hierfür ein nützliches Mittel, damit die dynamische Führungskraft, welche ihr Führungsverhalten flexibel an die jeweilige Situation anpasst, von ihren Geführten als authentisch wahrgenommen wird.

3.1 Einführung

Effektive Führungskräfte können ihr Führungsverhalten an die Bedürfnisse ihrer Mitarbeiter und die jeweilige Situation anpassen. Sie verfügen über eine breite Palette von unterschiedlichen Arten des Führungsverhaltens und verstehen es, diese gezielt einzusetzen. Hingegen würde eine sehr starre und rigide Führungskraft fortlaufend nur *ein* bestimmtes Führungsverhalten zeigen. In diesem Fall könnte von einem relativ stabilen und inflexiblen *Führungsstil* gesprochen werden, welcher im nachfolgenden Beispiel dargestellt wird.

Rigider Führungsstil am Beispiel einer autoritären und „tyrannischen" Führung

Ein besonders eindrückliches und zugleich tragisches Beispiel für einen autoritären und tyrannischen Führungsstil zeigt sich in dem mit fünf Oscars prämierten Film „American Beauty" an der Person des gefühlskalten US-Marines-Oberst Frank Fitts. Die absolute Identifikation mit einem autoritär-militärischen Führungsstil zeigt ihre Auswirkungen nicht nur im Berufs-, sondern auch im Privatleben. Während seine unterdrückte und eingeschüchterte Ehefrau einen schwer depressiven Eindruck vermittelt, spricht ihn sowohl seine Frau als auch sein Sohn, welcher nach einem Disput mit seinem Vater die Familie verlässt, förmlich mit „Sir" an. Fitts tyrannisiert seine Frau, seinen Sohn und führt ein „Regime" der absoluten Disziplin und Kontrolle. Oberst Frank Fitts stellt ein bemerkenswertes Beispiel für einen autoritär-tyrannischen Führungsstil dar, welches durch seine Rigidität und absolute Rollenidentifikation kaum mehr zu überbieten ist.

© Springer Fachmedien Wiesbaden GmbH 2017
M. Furtner, *Dynamische Mitarbeiterführung*, essentials,
DOI 10.1007/978-3-658-17195-7_3

Im Führungsalltag ist selten *ein* bestimmtes Führungsverhalten (unter sich verändernden Umweltbedingungen) allein erfolgsversprechend. Situative Führungstheorien greifen diesen Gedanken auf und nehmen an, dass ein bestimmtes Führungsverhalten in einer spezifischen Situation effektiv und wiederum in einer anderen Situation ineffektiv sein kann. Der situative Führungsansatz von Hersey und Blanchard (1982) beispielsweise geht davon aus, dass der Führungsstil (beziehungs- versus aufgabenbezogenes Führungsverhalten) an die „Reife" (eine Kombination aus der Motivation, Verpflichtung und Kompetenz) der Geführten angepasst werden sollte. Weisen die Geführten nur eine geringe Reife auf, dann sollten die Führungskräfte ein stärker aufgabenbezogenes Führungsverhalten zeigen. Nimmt die Reife der Geführten zu (= höhere Motivation und Kompetenz), dann sollte stärker ein beziehungsbezogenes Führungsverhalten demonstriert werden. Der Grad der „Reife" kann auch mit dem Begriff „Self-direction" (Selbstgerichtetheit, Self-Leadership) umschrieben werden (Thompson und Vecchio 2009). Houghton und Yoho (2005) übernehmen diesen Gedanken aus dem situativen Führungsansatz und gehen davon aus, dass mit höheren Self-Leadership-Fähigkeiten der Geführten ein gesteigertes Autonomiebedürfnis einhergeht. In diesem Fall empfiehlt sich ein stärker mitarbeiterorientiertes Führungsverhalten (z. B. Empowering Leadership).

Der Ansatz der dynamischen Mitarbeiterführung fokussiert sich ebenfalls auf die Motivation, die Fähigkeiten und Kompetenzen der Geführten. Er berücksichtigt zudem aufgaben- und umweltbezogene Einflüsse (z. B. organisationaler Kontext). Dynamische Mitarbeiterführung entfernt sich somit von dem Gedanken, dass es eine „Patentlösung" für ein optimales und effektives Führungsverhalten gibt. Zwei sehr aktuelle Studien von Breevaart et al. (2014) sowie Breevaart et al. (2016) liefern eindrucksvolle Belege für dynamisches Führungsverhalten (Dynamic Leadership Behavior): Angepasst an die jeweilige Situation zeigen Führungskräfte ein sich täglich (Breevaart et al. 2014) oder wöchentlich variierendes Führungsverhalten (Breevaart et al. 2016). In ihrer ersten Studie überprüften Breevaart et al. (2014) im militärischen Kontext die täglich sich verändernden Einflüsse der transformationalen Führung und der transaktionalen Führung (Contingent Reward und aktives MBE) auf das Arbeitsengagement der Geführten. 61 norwegische Seekadetten füllten auf ihrer Reise von Nordeuropa nach Nordamerika 34 Tage lang ein Tagebuch aus und bewerteten darin ihre Führungskräfte. In jenen Tagen, in welchen ihre Führungskräfte ein transformationales oder aktives transaktionales Führungsverhalten (Contingent Reward) zeigten, konnte ein höheres Arbeitsengagement beobachtet werden. Hingegen zeigt ein kontrollierendes Führungsverhalten (aktives MBE) keine relevanten Effekte auf den Arbeitseinsatz. Bereits Bass und Avolio (1990) gehen davon aus, dass eine Kombination aus transformationaler Führung und Contingent Reward sehr effektiv sein kann. Die zugrunde liegenden Prozesse (z. B. in welchen spezifischen Situationen transformationales und in welchen transaktionales Führungsverhalten effektiver ist) blieben jedoch weitgehend unerklärt (Avolio et al. 1999; Bass und Riggio 2006). Breevaart et al. (2014) konnten belegen, dass Führungsverhalten täglichen Schwankungen unterworfen ist: Wird ein höheres aktives MBE gezeigt, dann sind Führungskräfte stärker mit der Kontrolle ihrer Geführten beschäftigt (z. B. in Gefahrensituationen). Aufgrund der geringen Autonomie reduzierte sich jedoch das Arbeitsengagement der Geführten (Breevaart et al. 2014). In einer zweiten Studie überprüften Breevart et al. (2016), inwiefern sich das transformationale Führungsverhalten (der Führungskräfte) und das Self-Leadership (der Geführten) auf das Arbeitsengagement und die Arbeitsleistung auswirken. Beobachtet wurde zudem das (wöchentlich) sich verändernde Bedürfnis der Geführten nach Führung. Die Ergebnisse konnten belegen, dass das transformationale Führungsverhalten der Führungskraft und das Self-Leadership der Geführten gleichfalls positive Auswirkungen auf das Arbeitsengagement und die Arbeitsleistung der Geführten ausüben. In jenen Wochen, in welchen bei den Geführten ein stärkeres Bedürfnis nach Führung vorherrschte (z. B. herausfordernde Aufgaben), war transformationales Führungsverhalten effektiver. In jenen Wochen, in welchen nur eine niedrige Abhängigkeit an die Führungskraft und demnach ein geringes Bedürfnis nach Führung vorherrschte (z. B. Routineaufgaben), nutzten die Geführten vermehrt ihre Self-Leadership-Fähigkeiten.

Nach dem Ansatz der dynamischen Mitarbeiterführung zeigen verschiedene Formen des Führungsverhaltens in den jeweiligen Situationen eine unterschiedliche Effektivität (Sims et al. 2009). Variiert eine achtsame Führungskraft ihr Führungsverhalten, dann ist es von entscheidender Bedeutung, dass sie von ihren Geführten als authentisch wahrgenommen wird. Mindfulness wirkt sich positiv auf die authentische Führung aus (Reb et al. 2014). Zudem ist es für eine achtsame Führungskraft einfacher, spezifisch sich verändernde Situationen als solche zu erkennen und entsprechend natürlich ihr Führungsverhalten anzupassen. Welche verschiedenen Arten von Führungsverhalten konnten bislang beobachtet werden? Manz und Sims (1991) beschreiben vier verschiedene Arten von Führungsverhalten: 1) Direktive Führung (Strong Man), 2) transaktionale Führung (Transactor), 3) transformationale Führung (Visionary Hero), und 4) Empowering Leadership (SuperLeader).

1. *Direktive Führung.* Die „starke Mann"-Perspektive ist die älteste Form von Führungsverhalten, welche in unserem kulturellen Bild verankert ist. Der Fokus liegt auf einer allmächtigen, allein herrschenden und „starken"

Führungskraft, welche Anweisungen und Befehle gibt und demnach als direktive Führung bezeichnet werden kann. Ihre Macht wird durch die Position innerhalb einer Organisation legitimiert. Die Geführten haben sich zu fügen und Befehle zu befolgen. Wird eine Aufgabe nicht zufriedenstellend umgesetzt, dann müssen sie mit harten Bestrafungen rechnen. Die direktive Führung nutzt die angstbesetzte Motivation. Furcht ist neben der Hoffnung eine grundlegende Antriebstendenz des Menschen (Furtner 2016). Eine direktive Führungskraft schüchtert ihre Geführten ein und weist sie in bestimmten Situationen zurecht.

2. *Transaktionale Führung.* Die transaktionale Führung nutzt ein Beeinflussungsmittel, welches in der Geschichte der Menschheit seit jeher eingesetzt wurde und sehr einfach sowie effektiv ist: Das Mittel der Belohnung. Der Machtfokus der transaktionalen Führung liegt auf Zielen und den darauf folgenden Belohnungen. Führungskraft und Geführte befinden sich in einem rationalen Austauschprozess. Beispielsweise vereinbart eine Führungskraft im Rahmen eines Mitarbeitergesprächs gemeinsam mit ihren Geführten Leistungsziele. Zugleich stellt sie bestimmte Belohnungen (z. B. Bonuszahlung, Beförderung, materielle Anreize) in Aussicht, wenn die Geführten innerhalb eines bestimmten Zeitraums die (gemeinsam) vereinbarten Ziele erreichen. Transaktionales Führungsverhalten fokussiert sich auf die extrinsische Motivation der Geführten. Es handelt sich um eine sehr einfache und effektive Form von Führung. Die Geführten wissen, welche positiven Belohnungen sie erwarten dürfen, wenn sie einen hohen Leistungseinsatz zeigen und ihre Ziele erreichen. Werden die gemeinsam vereinbarten Leistungsziele erfüllt, dann können die Geführten mit einer entsprechenden Belohnung rechnen.

3. *Transformationale Führung.* Die transformationale Führung nutzt als zentrales Beeinflussungsmittel das Charisma. Sie ist das mächtigste und einflussreichste Führungsverhalten, welches bislang in der Führungsforschung beschrieben wurde (Furtner 2016). Die transformationale Führung vermittelt ihre Visionen auf Basis einer einfachen und bildhaften Sprache. Sie inspiriert ihre Geführten und treibt sie zu Höchstleistungen an. Im Gegensatz zur transaktionalen Führung regt transformationales Führungsverhalten stärker die intrinsische Motivation der Geführten an. Die Geführten identifizieren sich zu 100 % mit ihrer Führungskraft und zeigen außergewöhnliche Leistungen. Die transformationale Führung beeinflusst ihre Geführten auf einer charismatisch-emotionalen Ebene. Zudem wird die kognitive Ebene angeregt: Die Führungskraft stimuliert den Intellekt der Geführten und motiviert zum Perspektivenwechsel. Probleme und schwierige Entscheidungen sollen ganzheitlich betrachtet und Arbeitsprozesse optimiert werden. Die transformationale Führungskraft geht sehr individuell auf die Bedürfnisse, Stärken und Schwächen ihrer Geführten ein (Furtner 2016; Furtner und Baldegger 2016).

4. *Empowering Leadership.* Um die Kreativität, Innovation und Leistung zu steigern, teilt sich eine ermächtigende Führungskraft die Macht, das Wissen und die Kontrolle mit ihren Geführten. Sie gewährt einen hohen Entscheidungs- und Handlungsspielraum und lässt die Geführten ihre täglichen Arbeitsaufgaben relativ autonom bewältigen. Hierfür müssen sich die Geführten jedoch bis zu einem gewissen Grad selbst motivieren und führen können. Demnach liegt ein zentraler Schwerpunkt der ermächtigenden Führungskraft darin, die Self-Leadership-Fähigkeiten der Geführten zu entwickeln. Sie wirkt als positives Rollenmodell sowie Vorbild und demonstriert ihre Self-Leadership-Fähigkeiten. Zugleich entwickelt sie das Self-Leadership der Geführten, indem sie diese belohnt und positiv verstärkt (z. B. Lob, Feedback). Eine ermächtigende Führungskraft zielt letztendlich auf die Selbstentwicklung der Geführten ab, damit sich diese schließlich selbst führen können. Bezogen auf ihr Team oder ihre Arbeitsgruppe fördert die ermächtigende Führungskraft die geteilte Führung (Shared Leadership). Die Geführten, welche über hohe Self-Leadership-Fähigkeiten verfügen, sollen sich die Macht und das Wissen im Team oder in der Arbeitsgruppe teilen. Sie übernehmen einen Teil der Führungsaufgabe, indem sie sich selbst wechselseitig beeinflussen und kontrollieren (vgl. Furtner 2017).

5. *Passiv-vermeidendes Führungsverhalten.* Die passiveren Teilaspekte der transaktionalen Führung (aktives und passives MBE) fokussieren sich auf die Kontrollaktivitäten der Führungskraft. Während eine Führungskraft beim aktiven MBE bestimmte Fehler und Problemquellen rechtzeitig vorwegnimmt und mit ständigen Kontrollaktivitäten beschäftigt ist, greift sie beim passiven MBE erst ein, wenn Fehler oder Probleme bereits aufgetreten sind. Sie ist ständig mit „Feuer löschen" beschäftigt. Noch passiver agiert nur mehr die Laissez-faire-Führung, welche sich dadurch kennzeichnet, dass sich die Führungskraft nicht um die Geführten kümmert. Sie interessiert sich nicht großartig für Führung, das heißt für eine zielorientierte und effektive Fremdbeeinflussung. Die Geführten werden mit ihren Zielen, Entscheidungen, Problemen und Fehlern allein gelassen. Laissez-faire-Führungsverhalten zeigt sehr negative Auswirkungen auf die Geführten und die Organisation (z. B. geringere Arbeitsleistung und Arbeitszufriedenheit, höhere Fluktuation sowie Fehlzeiten). Geführte mit hohen Self-Leadership-Fähigkeiten können Laissez-faire-Führungsverhalten sogar teilweise kompensieren, indem sie sich selbst motivieren und führen. Self-Leadership soll die Führung jedoch nicht ersetzen, sondern unterstützen. Bei jenen Arten von Führungsverhalten, welche eine relativ hohe Autonomie gewähren (transformationale Führung, Empowering Leadership, Laissez-faire-Führung) und nur geringe Kontrollaktivitäten durchführen, ist Self-Leadership von hoher Bedeutung.

Dynamische Mitarbeiterführung betrachtet Führung als sehr flexiblen Prozess. Zwar können bestimmte Arten von Führungsverhalten als allgemein aktiver und effektiver beschrieben werden (z. B. transformationale Führung, Furtner 2016; Empowering Leadership, Furtner 2017), dennoch gibt es eine Reihe von Situationen, in welchen möglicherweise ein alternatives Führungsverhalten (z. B. direktives oder transaktionales Führungsverhalten) passender und effektiver wäre. Im Führungsalltag wird es wohl nur selten eine rein „transformationale Führungskraft" geben, welche sozusagen ständig ihre Visionen predigt und dauerhaft wie eine charismatisch-leuchtende „Batterie" umherschweift, das heißt, fortlaufend transformationales Führungsverhalten zeigt. Diese Führungskraft hätte dieselbe Rigidität (Starrheit, Inflexibilität) wie das oben beschriebene Beispiel eines autokratischen, autoritären und „tyrannischen" Führungsstils. „Kluge" und effektive Führungskräfte verstehen es, ihr Führungsverhalten an die jeweilige Situation anzupassen. Nachfolgend werden unterschiedliche Arten von Führungsverhalten beschrieben, welche – passend zur jeweiligen Situation – ihre entsprechende Effektivität entfalten können.

3.2 Direktives Führungsverhalten: Befehle und Disziplin

Mittels direktivem Führungsverhalten nutzt eine Führungskraft ihre Positionsmacht. Diese Machtquelle wurde bereits von French und Raven (1959) als Legitimationsmacht bezeichnet und entspricht dem Status und dem Rang, welche eine Person in der Organisation einnimmt. Auf Basis ihrer Machtposition nutzt eine direktive Führungskraft folgende Beeinflussungsmittel: Anweisungen, Befehle, zugeordnete Ziele, Einschüchterungen, Drohungen, Zurechtweisungen und Verwarnungen (Pearce et al. 2003). Wird die Arbeit nicht zur Zufriedenheit der Führungskraft ausgeführt, dann kann dies zu ernsthaften Konsequenzen führen. Die direktive Führungskraft fokussiert sich auf das Mittel der Bestrafung. Im Gegensatz zum transformationalen (Hoffnung auf eine bessere Zukunft) und transaktionalen Führungsverhalten (Hoffnung auf Belohnungen) nutzt die direktive Führungskraft die Furcht als zentrales Beeinflussungsmittel. Hoffnung und Furcht sind jene „Basismotivatoren", auf deren Grundlage sich die menschliche Motivation entfaltet (Furtner 2016). Unter einer direktiven Führungskraft versuchen die angstbesetzten Geführten negative Bestrafungskonsequenzen (z. B. Kündigung) zu vermeiden und zeigen einen entsprechenden Leistungseinsatz. Ein direktives Führungsverhalten kann in bestimmten Situationen angemessen und kurzfristig erfolgreich sein, dauerhaft angewandt zeigen sich jedoch negative Konsequenzen (z. B. hohe Unzufriedenheit, Fehlzeiten und Kündigung).

Das direktive Führungsverhalten basiert auf einigen klassischen Führungsansätzen und -theorien (vgl. Pearce et al. 2003):

1. Die *Theorie X* von McGregor (1960) beschreibt ein „negatives" Menschenbild, welches Führungskräften häufig nicht bewusst ist: Menschen seien grundsätzlich faul und selbstsüchtig. Sie würden es bevorzugen, geführt zu werden und die Verantwortung abzugeben. Dieses Menschenbild „verlangt" nach einem direktivem Führungsverhalten: Menschen müssen strikt geführt, kontrolliert und mittels Zwang und Strafe zu einer höheren Leistung motiviert werden.

2. Die *Ohio-Studien* (z. B. Fleishman 1953) beschreiben auf Basis faktorenanalytischer Auswertungen zwei unabhängige Arten des Führungsverhalten: Die *Mitarbeiterorientierung* (Consideration) fokussiert sich auf die (persönlichen) Beziehungen zwischen Führungskraft und Geführten. Die Führungskraft achtet auf die Bedürfnisse ihrer Mitarbeiter. Führungskräfte mit einer hohen *Aufgabenorientierung* (Initiating Structure) legen ihren Schwerpunkt auf die zu erledigenden Aufgaben. Sie zeigen ein direktives und strukturiertes Führungsverhalten. Das heißt, sie geben klar die Art und Weise vor, wie die Arbeit erledigt werden soll und koordinieren zugleich die Aktivitäten der Geführten. Ein autoritäres Führungsverhalten entspricht einem zweiten Typ der Aufgabenorientierung: Die Führungskräfte vollziehen wichtige Entscheidungen ohne Einbezug der Mitarbeiter oder äußern sich sehr kritisch bei unzureichender Arbeitsleistung (Yukl 1998). Parallel zu den Ohio-Studien bestätigen die *Michigan-Studien* (Katz et al. 1950) ein aufgabenorientiertes Führungsverhalten, bei welchem die Führungskräfte überwiegend Management-Aufgaben übernehmen. Das heißt, sie planen die Aufgaben, koordinieren den Ablauf, kontrollieren und unterstützen den Prozess der erfolgreichen Aufgabenbewältigung. Direktives Führungsverhalten kennzeichnet sich demnach durch eine besondere Aufgabenfokussierung aus.

3. Ein weiteres Kernmerkmal des direktiven Führungsverhaltens ist die Nutzung der *Bestrafung,* welche sowohl in Beziehung zu einem bestimmten Ereignis (bedingte Bestrafung: z. B. nicht zufriedenstellende Aufgabenbearbeitung) oder unabhängig davon (nicht-bedingte Bestrafung: z. B. willkürliche und „spontane" Bestrafungen) erfolgen kann (Pearce et al. 2003).

Direktives Führungsverhalten eignet sich in jenen Situationen, in welchen stärker die kurzfristige Effizienz im Vordergrund steht und weniger die (mittel- bis langfristige) Entwicklung der Geführten. Dadurch bietet sich direktives Führungsverhalten in sehr dringlichen und unstrukturierten Situationen an, bei welchen klare Ziele vorliegen und die Kompetenz und Erfahrung der Führungskraft viel höher ist als die der Geführten. Sims et al. (2009) konnten beispielsweise beobachten, dass Führungskräfte (leitende Ärzte) in einer Unfallklinik häufig direktives Führungsverhalten zeigen. Sie diagnostizieren, operieren und geben ihrem Team aufgabenbezogene Anweisungen. Dies geschieht häufig auf Basis einer entschiedenen und dringlichen Art und Weise. In brisanten Situationen, in welchen es bei Patienten um Leben oder Tod gehen kann und für die Entwicklung der Geführten keine Zeit bleibt, eignet sich das direktive Führungsverhalten. Bei Evakuierungen (z. B. Brände, Bombenalarm) oder in militärischen Kampfsituationen benötigt es direktive, spezifische und aufgabenbezogene Anweisungen (Houghton und Yoho 2005). Zeigt das direktive Führungsverhalten in kritischen Situationen keine Wirkung, dann besteht noch die Möglichkeit, die Mitarbeiter mittels eines kurzfristigen aversiven Führungsverhaltens („Drohung") zu motivieren. Beispielsweise wird einem Mitarbeiter in einem ernsthaften persönlichen Gespräch klar kommuniziert, dass er gekündigt wird, sollte keine sofortige Leistungsverbesserung eintreten.

Führungssituation: Sicherheit in einer Chemiefabrik

Kurz vor der Mittagspause treffen Sie als Betriebsleiter einer Chemiefabrik für ätzende Stoffe einen jungen Mitarbeiter bereits zum wiederholten Male ohne Sicherheitsschuhe an, obwohl diese im Betrieb zu tragen sind und es zudem gesetzlich vorgeschrieben ist. Nicht zum ersten Mal haben Sie Ihren Mitarbeiter ermahnt und auf die Unfallgefahren und ihre Auswirkungen hingewiesen.

Welches Führungsverhalten werden Sie in dieser Situation Ihrem Mitarbeiter gegenüber zeigen?

Zusammengefasst eignet sich direktives Führungsverhalten besonders in jenen Situationen, in welchen:

- eine hohe Dringlichkeit und ein hohes Risiko bezüglich der Aufgabenbewältigung besteht
- die Erreichung kurzfristiger Ziele im Vordergrund stehen
- die Aufgaben sehr unstrukturiert sind und es klare aufgabenbezogene Anweisungen benötigt
- die Mitarbeiter nur über ein geringes Commitment (Verpflichtung) verfügen
- die Geführten weder intrinsisch noch extrinsisch zu motivieren sind
- die Erfahrung und Kompetenzen der Mitarbeiter relativ gering sind
- die Entwicklung der Geführten aufgrund des dringlichen und kurzfristigen Zieles nicht im Vordergrund steht
- die Geführten sich fügen, eine hohe Abhängigkeit zeigen und das Kreativitäts- und Innovationspotenzial gering ist.

3.3 Transaktionales Führungsverhalten: Leistung und Gegenleistung

Das Herzstück der transaktionalen Führung ist Contingent Reward (bedingte, ereignisbezogene Belohnung). Die Führungskraft und die Geführten treten in einen rationalen Austauschprozess. Die Führungskraft vereinbart gemeinsam mit ihren Geführten Ziele (z. B. im Rahmen eines Mitarbeitergesprächs), welche in einem bestimmten Zeitraum erreicht werden sollen. Als Machtquelle steht der Führungskraft die Belohnungsmacht zur Verfügung. Erfüllen die Geführten die ziel- und leistungsbezogenen Erwartungen, dann kann die Führungskraft persönliche (z. B. Lob, Aufstiegsmöglichkeiten) oder materielle Belohnungen (z. B. Bonuszahlungen) einsetzen. Bei Nichterfüllung gibt es zudem die Möglichkeit, Verwarnungen auszusprechen oder sogar – ähnlich zum direktiven Führungsverhalten – das Mittel der Bestrafung (z. B. Versetzung, Kündigung) anzuwenden.

Seit jeher haben transaktionale Austauschprozesse in der Geschichte der Menschheit einen wichtigen Stellenwert eingenommen (z. B. Tauschhandel). Demnach ist es nicht überraschend, dass es bereits eine sehr breite Basis an unterschiedlichen Theorien und Ansätzen zur transaktionalen Führung gibt (Houghton und Yoho 2005):

1. *Erwartungstheorie* (Vroom 1964): Bezogen auf eine rationale Erklärung menschlichen Verhaltens spielen nach der Erwartungstheorie drei zentrale Variablen eine wichtige Rolle:
   - *Valenz* – Wert und Attraktivität eines Ziels, für welches ein bestimmter Leistungseinsatz gezeigt wird (z. B. eine Beförderung hat einen subjektiv hohen Wert)
   - *Instrumentalität* (Nutzen) – Verknüpfung zwischen dem Handlungsergebnis und den Handlungsfolgen (z. B. eine Beförderung bringt mehr Status und Geld, jedoch auch mehr Verantwortung und weniger Freizeit)
   - *Erwartung* – die Wahrscheinlichkeit, dass ein persönlicher Leistungseinsatz tatsächlich zum erwarteten Ergebnis führt (z. B. persönliche Fähigkeiten, Kompetenzen)
2. *Weg-Ziel-Theorie der Führung* (House 1971; House und Mitchell 1974): Aufbauend auf der Erwartungstheorie erklärt die Weg-Ziel-Theorie, wie sich das Führungsverhalten (z. B. Mitarbeiter- und Aufgabenorientierung) auf die Arbeitsleistung und die Arbeitszufriedenheit der Geführten auswirkt. Die Führungskraft zeigt den Weg zu den „Belohnungen" auf (z. B. Bonuszahlung, Beförderung). Sie gibt klare Ziele vor, unterstützt die Geführten bei der Zielerreichung und verknüpft die Ziele mit entsprechenden Belohnungen, welche

sich an den Bedürfnissen der Geführten orientieren. Damit die Geführten optimal ihre Bedürfnisse und die gesetzten Leistungsziele erreichen, schlagen House und Mitchell (1974) vor, dass entsprechend der Situation (z. B. Struktur der Aufgabe) unterschiedliche Arten von Führungsverhalten gezeigt werden sollen:

- direktives Führungsverhalten (z. B. bei geringen Erfahrungen und Kompetenzen der Geführten)
- unterstützendes Führungsverhalten (z. B. in stressreichen Situationen)
- partizipatives Führungsverhalten (zur Förderung der Akzeptanz und Motivation)
- leistungsorientiertes Führungsverhalten (Festlegung von herausfordernden Zielen und fortlaufende Leistungsoptimierung)

3. *Austauschtheorie* (Equity-Theorie, Adams 1963): Nach der Austauschtheorie vergleicht eine Person ihren eigenen Arbeitseinsatz und was sie dafür bekommt („Belohnung") mit dem Arbeitseinsatz von anderen Personen und was diese dafür bekommen. Auf Basis des Wissens darüber, strebt sie nach Gerechtigkeit. Erhält beispielsweise ein Kollege (mit einer ähnlichen Qualifikation und Erfahrung) für dieselbe Arbeitsleistung ein höheres Gehalt (oder wird er befördert), dann wird dies als Ungerechtigkeit empfunden. Um die Gerechtigkeit wiederherzustellen, wird beispielsweise die eigene Arbeitsleistung reduziert.

4. *Verstärkungstheorie* (Skinner 1938; Thorndike 1911): Personen verknüpfen die Arbeitsleistung mit einer positiven Verstärkung (= Belohnung), welche gleichzeitig oder in enger zeitlicher Nähe zum gezeigten Verhalten (= Arbeitsleistung) erfolgen sollte. Eine positive Verstärkung erhöht die Wahrscheinlichkeit für ein erneutes Auftreten des gezeigten Leistungsverhaltens. Übertragen auf die transaktionale Führung bedeutet dies, dass eine Führungskraft die Belohnung gleichzeitig mit oder unmittelbar nach der Zielerreichung geben sollte. Dadurch wird das zukünftige Leistungsverhalten der Mitarbeiter positiv beeinflusst. Auf Basis lerntheoretischer Erkenntnisse sollte eine Führungskraft zu Beginn fortlaufend jedes positiv gezeigte Leistungsverhalten (Zielerreichung) belohnen. In weiterer Folge sollten Belohnungen nur mehr zwischenzeitlich gegeben werden. Dadurch verlieren Belohnungen einerseits nicht ihren Anreiz und andererseits reduziert sich nicht die Leistung aufgrund eines möglichen Gewöhnungseffektes (immer dieselbe Belohnung).

Die transaktionale Führung fokussiert sich auf einen Austauschprozess zwischen Führungskraft und Geführten. Die Führungskraft nutzt ihre Belohnungsmacht und erhält im Gegenzug einen entsprechenden Leistungseinsatz der Geführten.

Contingent Reward ist eine sehr einfache und effektive Form von Führungsverhalten, welche sich positiv auf das Leistungsverhalten der Geführten auswirkt. Ein transaktionales Führungsverhalten bietet sich bei klar strukturierten Aufgaben bei mittlerer Dringlichkeit an. Die Entwicklung der Geführten nimmt bei transaktionalem Führungsverhalten eine geringere Rolle ein. Transaktionales Führungsverhalten eignet sich in jenen Fällen, in welchen die Führungskraft über eine entsprechende Legitimations- und Belohnungsmacht verfügt, die Leistung quantifiziert werden kann und die Geführten nach Belohnungen streben (Sims et al. 2009). Contingent Reward ist besonders dann wirksam, wenn die Abhängigkeit der Geführten hoch ist, wobei es weniger die Kreativität und Innovationsfähigkeit der Geführten fördert (Houghton und Yoho 2005). Die Effektivität der transaktionalen Führung ist kontextabhängig: Beispielsweise konnten Sims et al. (2009) bei Führungskräften (leitenden Ärzten) in einem Unfallkrankenhaus kaum transaktionales Führungsverhalten beobachten, während es beispielsweise im Vertrieb sehr effektiv eingesetzt werden kann. Angenommen, eine Verkaufsleiterin im Großhandel erhält die Quartalsziele des Top-Managements und entscheidet sich dafür, ihre Verkaufsmitarbeiter mittels transaktionalem Führungsverhalten zu motivieren. In Kooperation mit dem Personalmanagement überlegt sie sich ein spezifisches Anreiz-Programm (z. B. Bonuszahlungen, Wellness-Programm, Kurzreisen). Daraufhin kommuniziert sie ihren Verkaufsmitarbeitern die Umsatzziele und die zu erwartenden Belohnungen.

Führungssituation: Umsatzeinbruch bei einem Autohändler

Die Absatzzahlen Ihres Autohauses sind im letzten Quartal stark eingebrochen. Sie beschließen ein rigoroses Sparprogramm. Aufgrund der von Ihnen sehr niedrig angesetzten Verkaufsprovisionen werden Ihre Autoverkäufer immer unzufriedener und zeigen kaum mehr Begeisterung im Verkaufsgespräch. Klagen werden laut, dass Sie, im Vergleich zu anderen Händlern der Branche, mit Ihrem spärlichen Provisionssystem weit hinter der Konkurrenz liegen.

Welches Führungsverhalten werden Sie zeigen, um den Umsatz Ihres Autohauses wieder zu steigern?

Zusammengefasst eignet sich transaktionales Führungsverhalten insbesondere in jenen Situationen, in welchen:

- eine mittlere bis geringe Dringlichkeit bezüglich der Aufgabenbewältigung besteht
- die Erreichung mittelfristiger Ziele (z. B. Quartals- oder Jahresziele) im Vordergrund steht

- die Aufgaben sehr strukturiert sind und klare Ziele vorliegen
- die Mitarbeiter über ein geringes bis mittleres Commitment (Verpflichtung) verfügen
- die Geführten mittels Belohnungen extrinsisch motiviert werden können oder sollen
- die Leistung sehr gut quantifiziert werden kann
- die Entwicklung der Geführten weniger im Vordergrund steht
- die Geführten eine hohe Abhängigkeit zeigen, sich fügen und das Kreativitäts- und Innovationspotenzial gering ist.

3.4 Transformationales Führungsverhalten: Visionen und Inspiration

Das Charisma der Führungskraft ist ein zentrales Beeinflussungsmittel der tranformationalen Führung. Diese setzt sich aus vier Teildimensionen zusammen: 1) Idealisierter Einfluss, 2) inspirierende Motivation, 3) intellektuelle Stimulierung und 4) individuelle Berücksichtigung. Charisma setzt sich aus einer Kombination von idealisiertem Einfluss (Formulierung hoher Ideale) und inspirierender Motivation (Nutzung einer einfachen und plastischen Vision) zusammen. Die individuelle Berücksichtigung, welche spezifisch auf die Bedürfnisse der Geführten eingeht, unterstützt auf emotionaler Ebene die charismatische Wahrnehmung, ebenso die intellektuelle Stimulierung, welche stärker auf einer rationalen (kognitiven) Ebene auf die Geführten einwirkt (vgl. Furtner 2016). Die transformationale Führung repräsentiert eine sehr idealisierte und mächtige Form von Führungsverhalten. Auf Basis der hohen Ideale (z. B. Gerechtigkeit, Freiheit) und inspirierender Visionen regt die transformationale Führung die intrinsische Motivation und das Commitment der Geführten an. Die Geführten identifizieren sich mit ihrer Führungskraft, sind loyal und folgen ihr beinahe „blind". Zudem nehmen sie ihre Führungskräfte als charismatisch wahr. Transformationales Führungsverhalten kann einen außerordentlichen Leistungseinsatz bei den Geführten bewirken.

Die transformationale Führung hat ihre Basis in verschiedenen Ansätzen zum Charisma und zur charismatischen Führung:

1. *Soziologie des Charismas* (Weber 1947): Nach Weber verfügt nicht jede Person über eine charismatische Wirkung: Menschen mit einer besonderen persönlichen Ausstrahlung hätten eine „göttliche" Gabe, welche andere Menschen in ihren Bann zieht und sie verzaubert. Diese Sichtweise ist heutzutage noch relativ weit verbreitet: Entweder eine Person hat das „gewisse Etwas",

oder sie hat es eben nicht. Modernere Ansätze beschreiben ein Zusammenspiel zwischen Persönlichkeitseigenschaften (z. B. Extraversion, Narzissmus), Motiven (z. B. Machtmotiv), dem Führungsverhalten (z. B. transformationale Führung) und der Situation (z. B. Krisen), welche dazu führen, dass Führungskräfte von ihren Geführten als charismatisch *wahrgenommen* werden (vgl. Furtner 2016). In Anlehnung an die Arbeit von Weber (1947) beschreiben Trice und Beyer (1986) fünf Schlüsselkomponenten der charismatischen Führung:

- die Führungskraft benötigt eine außergewöhnliche („göttliche") Gabe
- eine Krise muss vorherrschen
- die Führungskraft kommuniziert eine Lösung für die Krise
- die Geführten fühlen sich zur ihrer Führungskraft auf eine besondere (übermenschliche) Art und Weise verbunden
- auf Basis des Erfolgs erklären die Geführten die göttliche Gabe der Führungskraft für wahr und gültig

2. *Charismatische Führungstheorie* (House 1977): Um charismatische Führungskräfte zu verstehen, müssen nach House (1977) sowohl die Persönlichkeitseigenschaften der Führungskraft, die Effekte auf die Geführten und das Führungsverhalten näher betrachtet werden. Hinzu kommen situative Komponenten, welche eine wichtige Rolle spielen, ob eine Führungskraft als charismatisch wahrgenommen wird (z. B. Krisen, Innovation). Nach House und Shamir (1993) weisen charismatische Führungskräfte folgende Verhaltensweisen auf, um ihr Charisma zu steigern:

- sie zeigen eine positive Selbstdarstellung (Impression Management)
- sie kommunizieren hohe Ziele und Ideale
- sie betonen die besondere Rolle der Geführten
- sie agieren als positives Rollenmodell und Vorbild
- sie kommunizieren den Geführten hohe Erwartungen und Zuversicht
- sie regen die Motive der Geführten an (z. B. deren Macht- oder Leistungsmotiv)

Transformationales Führungsverhalten ist besonders in jenen Situationen effektiv, in welchen es auf Basis von Krisen ein starkes Bedürfnis nach Veränderung gibt. In unsicheren Zeiten sehnen sich die Geführten nach einer „starken" Führung, welche den inneren Zusammenhalt fördert und zu herausragenden Leistungen motiviert. Neben dem direktiven ist transformationales Führungsverhalten in dringlichen Situationen und bei unstrukturierten Aufgaben geeignet. Die transformationale Führung legt einen besonderen Fokus auf die effektive Nutzung der Fähigkeiten und Kompetenzen der Geführten. Es erhöht zudem das affektive

(emotionale) Commitment der Mitarbeiter. Ob transformationales Führungsverhalten wirksam ist oder nicht, hängt wiederum von der Situation ab: In einer starren und bürokratischen Organisation, in welcher es kein großes Bedürfnis nach
Veränderung gibt (z. B. Monopolstellung), wird ein veränderungsorientiertes
Führungsverhalten nur wenig effektiv sein und möglicherweise sogar auf heftigen
Widerstand stoßen. Sims et al. (2009) konnten bei Führungskräften in der Unfallklinik keinerlei transformationales Führungsverhalten beobachten. Sie geben
jedoch ein situatives Beispiel, in welchem transformationales Führungsverhalten
sehr passend sein kann: In einer Abteilung für Produktdesign ist eine neue Führungskraft mit internen und externen „Grabenkämpfen" konfrontiert. Darunter
leidet unmittelbar die Produktivität. Die Führungskraft entschließt sich, ein transformationales Führungsverhalten zu zeigen. Sie versammelt ihr Team zu einem
Meeting, für welches sie eine visionäre Rede vorbereitet hat (vgl. Furtner 2016).

Führungssituation: Krise in einem Fußballverein

Mit großen Erwartungen werden Sie als neuer Fußballtrainer des krisengeschüttelten FC Landrot engagiert. Die Mannschaft verfügt über großartige
Einzelkönner, trotzdem liegt sie im hinteren Drittel der Tabelle. Die Stimmung
ist geprägt durch auffallend viele Streitigkeiten innerhalb des Teams und jeder
scheint nur für sich selbst zu spielen.

*Welches Führungsverhalten werden Sie in dieser Situation Ihren Spielern
(„Mitarbeitern") gegenüber zeigen?*

Zusammengefasst eignet sich transformationales Führungsverhalten besonders in
jenen Situationen, in welchen:

- Krisen in dynamischen, instabilen und unsicheren Umwelten vorherrschen
- eine hohe Dringlichkeit bezüglich der Aufgabenbewältigung besteht
- die Aufgaben unstrukturiert sind
- die Erreichung kurz-, mittel- und langfristiger Ziele im Vordergrund stehen
- bei den Mitarbeitern ein hohes Commitment (Verpflichtung) angeregt werden soll
- die intrinsische Motivation der Geführten beeinflusst und außergewöhnliche
  Leistungen erbracht werden sollen
- die Mitarbeiter bereits über ein hohes Potenzial (Erfahrungen, Fähigkeiten,
  Kompetenzen) verfügen oder ein hohes Entwicklungspotenzial haben
- die Abhängigkeit der Mitarbeiter hoch ist
- ein mittleres Kreativitäts- und Innovationspotenzial bei den Geführten angeregt werden soll.

3.5 Empowering Leadership: Autonomie und Innovation

Ein ermächtigendes Führungsverhalten äußert sich darin, dass sich die Führungskraft das Wissen, die Macht und die Kontrolle mit den Geführten teilt. Die Führungskraft gewährt einen autonomen Rahmen, in welchem sich die (hoch qualifizierten) Geführten entfalten können. Die zentralen Ziele von Empowering Leadership liegen sowohl in der Entwicklung der Selbstmanagement- und Self-Leadership-Fähigkeiten der Geführten als auch in der Förderung von Kreativität, Innovation und Spitzenleistungen. Self-Leadership ist die zentrale Basis von Empowering Leadership. Verfügen Führungskräfte über hohe Self-Leadership-Fähigkeiten, dann können sie sowohl direkt als auch indirekt die Self-Leadership-Fähigkeiten der Geführten entwickeln: Die Führungskraft fördert und entwickelt die Self-Leadership-Fähigkeiten der Geführten, indem sie direkt auf diese hinweist und positiv verstärkt (z. B. Lob). Auf indirekter Ebene wirkt sie als positives Rollenmodell und Vorbild. Sie demonstriert ihre Self-Leadership-Fähigkeiten, welche von den Geführten nachgeahmt werden. Empowering Leadership und Self-Leadership sind wichtige Voraussetzungen für Shared Leadership (geteilte Führung). Die Teammitglieder teilen sich hierbei die Macht, das Wissen und die Kontrolle in Teams. Dadurch können hoch qualifizierte Teams in einem relativ autonomen Rahmen (mit einem hohen Entscheidungs- und Handlungsspielraum) ihr Innovationspotenzial entfalten (Furtner 2017).

Self-Leadership und Empowering Leadership verfügen über eine gemeinsame theoretische Grundlage. Ursprünglich haben Manz und Sims (1991) den Begriff „Superleadership" (Leading others to lead themselves) verwendet, welcher jedoch in jüngerer Zeit vollständig durch Empowering Leadership ersetzt wurde.

1. *Kognitive Verhaltenstherapie, Selbstkontrolle und Selbstmanagement* (Kanfer et al. 2012; Manz und Sims 1980; Thoresen und Mahoney 1974): Self-Leadership entstammt aus dem Selbstmanagement-Ansatz, welcher wiederum seine Basis in der klinischen Psychologie hat. In klinischen Settings wurden die Selbstmanagement-Strategien zur Selbstkontrolle vorwiegend zur Behandlung von schlechten Angewohnheiten, Süchten oder Essstörungen angewandt. Die klinischen Selbstkontrolltechniken finden sich sowohl im Selbstmanagement-Ansatz als auch in den verhaltensfokussierten Strategien von Self-Leadership wieder: Selbstzielsetzung, Selbstbeobachtung, Selbstbelohnung, Selbstbestrafung und Selbsterinnerung. Mit der kognitiven Umstrukturierung wurde ein Ansatz der kognitiven Verhaltenstherapie in die konstruktiven

Gedankenmusterstrategien (Überzeugungen und Sichtweisen bewerten) integriert. Hierbei sollen dysfunktionale („schädliche") Gedanken identifiziert und durch konstruktive Gedankenmuster ersetzt werden (vgl. Furtner 2012a).

2. *Sozial-kognitive Theorie* (Bandura 1986): Die sozial-kognitive Theorie geht davon aus, dass eine Person Einfluss auf ihr Verhalten und ihre Umwelt hat. Das individuelle Verhalten und die Umwelt beeinflussen wiederum die Person (= triadische Reziprozität). Eine ermächtigende Führungskraft mit hohen Self-Leadership-Fähigkeiten beeinflusst als positives Rollenmodell und Vorbild die Self-Leadership-Fähigkeiten der Geführten. Bandura (1986) bezeichnet diesen Prozess als Modell-Lernen: Die Geführten beobachten das Verhalten ihrer Führungskraft, lernen daraus und ahmen es schließlich nach.

3. *Selbstbestimmungstheorie* (Deci und Ryan 1987): In der Selbstbestimmungstheorie nehmen die Autonomie (Selbstbestimmung), das Bedürfnis nach Kompetenzerleben und die soziale Eingebundenheit einen zentralen Stellenwert ein. Das Bedürfnis nach Kompetenzerleben kann durch soziale Ereignisse (Feedback, Belohnung) gefördert werden. Das Kompetenzerleben wirkt sich belohnend auf das Verhalten aus und fördert die intrinsische Motivation. Die Gewährung von Autonomie hängt sehr eng mit der wahrgenommenen Kompetenz (Wirksamkeit) zusammen und fördert ebenfalls die intrinsische Motivation. Die soziale Eingebundenheit dient zur Übernahme fremder Verhaltensstandards (z. B. Leistungsverhalten eines Kollegen), welche im Idealfall vollkommen in das Selbst integriert werden. Dadurch kann sich die intrinsische Motivation entfalten, welche zu einer höheren Kreativität, Innovation und Leistung führt (Gagné und Deci 2005). Ein ermächtigendes Führungsverhalten wirkt sich förderlich auf die Kompetenzentwicklung der Geführten aus. Die Führungskraft gewährt eine hohe Autonomie und vertraut ihren Geführten. Als positives (sich selbst führendes Rollenmodell) fördert die Führungskraft die Integration fremder Verhaltensstandards (z. B. Anwendung von Self-Leadership-Fähigkeiten), mit welchen sich die Geführten schließlich identifizieren. Unter einem ermächtigenden Führungsverhalten können die Geführten als selbstbestimmte und kompetente Individuen Spitzenleistungen erbringen (Furtner 2017).

Führungssituation: Krise und Umsatzeinbruch bei einem Mobilfunkhersteller

Da Ihr Vorgänger den Trend zu Smartphones verschlafen hat, wurden sie kürzlich als neue Leiterin für die Produktentwicklung (Gesamtverantwortung für Forschung und Entwicklung) eines ehemals marktführenden Mobilfunkherstellers eingestellt. Um dem Abwärtstrend entgegenzuwirken, haben Sie das bestehende Team mit hochkompetenten und motivierten Mitarbeitern ergänzt. Diese neuen Mitarbeiter sind sehr kreativ und bekannt für ihr selbstständiges Arbeiten und ihre innovativen Ideen. Von ihnen erhoffen Sie sich, dass das Unternehmen mit neuen Produkten auf dem Markt wieder konkurrenzfähiger wird.

Welches Führungsverhalten werden Sie in dieser Situation Ihren Mitarbeitern gegenüber zeigen?

Zusammengefasst eignet sich Empowering Leadership insbesondere in jenen Situationen, in welchen:

- die Kreativität, Innovation und Spitzenleistungen (in Teams) gefördert werden sollen
- Hoch qualifizierte, kompetente und erfahrene Geführte beschäftigt sind
- eine geringe Dringlichkeit bezüglich der Aufgabenbewältigung besteht
- die Aufgaben unstrukturiert sind
- die Entwicklung der Geführten (z. B. Self-Leadership) und eine nachhaltige Personalentwicklung im Vordergrund stehen
- bei den Mitarbeitern ein hohes Commitment (Verpflichtung) angeregt werden soll
- bei den Geführten eine hohe intrinsische Motivation entwickelt und außergewöhnliche Leistungen erbracht werden sollen
- die Mitarbeiter ein hohes Entwicklungspotenzial haben
- die Selbstständigkeit der Geführten im Vordergrund steht.

3.6 Passiv-vermeidendes Führungsverhalten: Kontrolle und Nonleadership

Die beiden passiven Dimensionen der transaktionalen Führung (aktives und passives MBE) und die Laissez-faire-Führung zeigen in der Literatur generell negative Auswirkungen auf die Arbeitszufriedenheit und die Arbeitsleistung der Geführten. Im Full Range Leadership-Modell (Bass und Avolio 1990) zählen passives MBE und die Laissez-faire Führung zu den inaktivsten und ineffektivsten Formen (Furtner 2016).

1. *Aktives Management-by-Exception (MBE)* bezieht sich auf die *Kontrollaktivitäten* der Führungskraft. Mehr Kontrolle bedeutet weniger Vertrauen. Die Führungskraft geht grundsätzlich davon aus, dass bei den Geführten Fehler auftreten, welche vermieden werden könnten, wenn sie sich mit

Überwachungs-, Beobachtungs- und Kontrollaktivitäten beschäftigt. Die Führungskraft antizipiert möglich auftretende Fehler und greift frühzeitig ein. Zur Förderung von Kreativität und Innovation ist aktives MBE weniger geeignet, es ist jedoch ein relativ geeignetes Mittel um die kurzfristige Effizienz (z. B. Routinetätigkeiten in der Produktion) zu steigern. Ein fortlaufend kontrollierendes und beobachtendes Führungsverhalten (z. B. als Vorarbeiter) wurde bereits im Zuge der Industrialisierung zur Steigerung der organisationalen Effizienz angewandt (Taylorismus; z. B. Fließbandarbeit in der Automobilbranche zu Beginn des 20. Jahrhunderts). Der Nachteil von Kontrollsystemen liegt darin, dass sie die Autonomie und Selbstbestimmung der Geführten einschränken. Hingegen vorteilhaft ist, dass sie die Unsicherheit, insbesondere in kritischen Situationen reduzieren. Wird aktives MBE beispielsweise in einer Gefahrensituation eingesetzt, dann kann es sehr angemessen und effektiv sein. Aktives MBE ist ein Führungsverhalten, welches in Kombination mit direktivem Führungsverhalten bei sehr unerfahrenen und unmotivierten Geführten im Kontext von Routineaufgaben effektiv sein kann.

2. *Passives Management-by-Exception (MBE)* entspricht bereits einem sehr inaktiven Führungsverhalten. Die Führungskraft zieht sich weitgehend zurück und handelt nur, wenn Probleme oder Fehler bereits aufgetreten sind. Sie zeigt ein reaktives Führungsverhalten und nimmt die Rolle eines „Feuerlöschers" ein. Aktives MBE würde vorwegnehmen, dass sich möglicherweise ein „Feuer" (= Problem, Fehler) entfachen könnte und setzt auf das Mittel der fortlaufenden Beobachtung und Kontrolle. Beim passiven MBE gibt die Führungskraft weitgehend die Verantwortung für auftretende Fehler und Probleme an ihre Geführten ab. Generell zeigt passives MBE negative Auswirkungen auf die Geführten, welche nur ein geringes (affektives) Commitment gegenüber ihrer Führungskraft entwickeln und eine geringe Arbeitszufriedenheit zeigen.

3. Das *Laissez-faire-Führungsverhalten* zählt zur inaktivsten und ineffektivsten Form von Führung. Hierbei handelt es sich um die weitgehende Absenz von Führung. In vielen Situationen ist es das destruktivste Führungsverhalten, welches gezeigt werden kann: Die Führungskraft ignoriert vollkommen ihre Führungsverantwortung, ist mit ihr vollkommen überfordert oder kann und will nicht führen. Die Gründe für ein Laissez-faire-Führungsverhalten können vielfältig sein:
   - *Hohes Kontakt- und Anschlussmotiv:* Die Laissez-faire-Führungskraft versucht einen persönlichen und freundschaftlichen Kontakt mit ihren Geführten aufzubauen (z. B. gemeinsame Aktivitäten am Abend und am Wochenende). Sie möchte von ihren Geführten akzeptiert und integriert werden. Deshalb scheut sie es, unangenehme Aufgaben zu delegieren oder

schwierige Entscheidungen durchzusetzen. Sie hat Angst davor, von ihren Geführten zurückgewiesen zu werden (vgl. Furtner 2012b).

- *Geringe Self-Leadership-Fähigkeiten:* Eine Führungskraft, welche sich nicht selbst motivieren und führen kann, hat es schwer, andere Menschen zielorientiert zu beeinflussen und zu führen. Da sie selbst orientierungslos ist, kann sie ihren Geführten auch nicht eine entsprechende Zielrichtung vorgeben (Furtner et al. 2013).

- *Machiavellistische Führung und berechnende Führungsmotivation:* Einer machiavellistischen Führungskraft mit einer hohen berechnenden Führungsmotivation geht es mehr um die Führungsposition an sich und dem damit verbundenen Machtstatus, jedoch weniger darum, andere Menschen effektiv zu führen. Die Führungsposition wird als Statussymbol angesehen, welche Macht, Geld und Prestige verleiht. Im Vergleich zur narzisstischen Führung liegt jedoch nur ein geringes intrinsisches Interesse an Führung vor.

- *Beförderung, Nachfolge, Vitamin B:* Eine hoch leistungsmotivierte Fachkraft kann aus strategischen Gründen (z. B. Mitarbeiterbindung) oder als Belohnung für ihre herausragenden Leistungen in eine Führungsposition aufsteigen. Als Führungskraft hat sie jedoch nur wenig Interesse, ihre Geführten zielorientiert zu beeinflussen und Führungsverantwortung zu übernehmen. Sie fokussiert sich möglicherweise weiterhin auf die Optimierung und fortlaufende Verbesserung ihrer eigenen (fachbezogenen) Leistung. Sie möchte weniger das „Führungspferd", sondern weiterhin das schnellste „Leistungspferd" bleiben. Die Besetzung von Führungspositionen auf Basis von Nachfolgeregelungen (z. B. Familienunternehmen), Beziehungen („Vitamin B") oder strategischen Überlegungen (Positionierung einer „schwachen" Führungsperson zum Zwecke des eigenen Machterhalts) könnten weitere Gründe für eine Laissez-faire-Führung sein.

Laissez-faire-Führungsverhalten zeigt sehr negative Auswirkungen auf die Leistung und die Zufriedenheit der Geführten. Eine hohe Unzufriedenheit, Konflikte und Spannungen führen zu mehr Fehlzeiten und einer höheren Fluktuation. Auf Basis mikropolitischer Taktiken kann es zudem geschehen, dass die Geführten ihre „schwache" Führungskraft stürzen wollen. Eine Laissez-faire-Führungskraft „überzeugt" besonders durch ihre Führungsabwesenheit. Sie ist selten verfügbar, vermeidet es an Meetings teilzunehmen, Entscheidungen zu treffen oder Probleme zu lösen. Zudem ist sie wenig an Zielen und den damit verbundenen Leistungsergebnissen interessiert.

Sowohl die Laissez-faire-Führung als auch Empowering Leadership gewähren ihren Geführten eine hohe Autonomie. Deshalb ist es nicht verwunderlich, dass sogar von einem schmalen Grat zwischen der Laissez-faire-Führung und Empowering Leadership berichtet wird (Wong und Giessner, in press). Ähnlich wie bei Empowering Leadership können Geführte mit hohen Self-Leadership-Fähigkeiten unter einer Laissez-faire-Führungskraft die (fehlende) Führung zumindest zum Teil ersetzen. Im Gegensatz zur Laissez-faire-Führung zielt ein ermächtigendes Führungsverhalten darauf ab, die Self-Leadership-Fähigkeiten der Geführten zu entwickeln. Zudem findet die effektive Fremdbeeinflussung auf einer sehr subtilen Ebene statt. Das heißt, ermächtigendes Führungsverhalten verfolgt sehr wohl eine zielorientierte Fremdbeeinflussung, welche bei der Laissez-faire-Führung nicht beobachtet werden kann. Laissez-faire-Führungsverhalten kann bei hoch qualifizierten, erfahrenen, motivierten und sich selbst führenden Personen durchaus für eine kurze Zeit „funktionieren", ohne dass es großen Schaden anrichten kann. Ein vermeidendes Führungsverhalten sollte jedoch keinesfalls zu einem dauerhaften Zustand werden.

Konklusion 4

Dynamische Mitarbeiterführung zielt darauf ab, den Führungskräften eine „Orientierungsgrundlage" zu geben, welches Verhalten in der jeweiligen Führungssituation angemessen erscheint. Eine effektive Führungskraft zeigt nicht nur ein einziges (rigides, starres) Führungsverhalten, sondern verfügt über eine breite Palette unterschiedlicher Arten des Führungsverhaltens, welche aktiv, flexibel und situationsangepasst eingesetzt werden können. Wie können Führungskräfte für sich bewusst erkennen, in welcher Situation ein entsprechendes Führungsverhalten angemessen ist? Mindfulness (Achtsamkeit) kann hierfür eine sehr wichtige Grundlage sein. Eine Führungskraft, welche jeden einzelnen Moment relativ bewusst wahrnimmt (sich selbst und ihre Umwelt), kann entsprechend flexibel ihr Verhalten anpassen. Die bewusste Erfahrung im gegenwärtigen Moment regt sowohl ihre Reflexions- als auch Lernfähigkeit an. Die Führungskraft erkennt, welches Führungsverhalten in der jeweiligen Situation angemessen ist und weiß, welche Konsequenzen ein jeweiliges Führungsverhalten in sich birgt. Obwohl sie ihr Führungsverhalten variiert, bleibt sie authentisch. Die Führungskraft identifiziert sich mit dem jeweiligen Führungsverhalten und setzt es in der entsprechenden Situation passend ein. Durch die bewusste Wahrnehmung eines jeden einzelnen Moments im Führungsalltag gewinnt die Führungskraft sowohl an Wissen, Macht und Kontrolle über sich selbst und ihre Umwelt. Dadurch findet ein fortlaufendes Lernen der Führungskraft statt. Sie setzt zunehmend ein entsprechend der Situation angemessenes Führungsverhalten ein. Mindfulness zeigt zudem eine Vielzahl von positiven Nebeneffekten für die Führungskraft (z. B. Steigerung der psychischen und physischen Leistungsfähigkeit, präventive Wirkung bei Depression, Burn-out und Stress).

Eine achtsame Führungskraft hat den Vorteil, dass sie bestimmte Situationen rasch und angemessen einschätzen kann. In der nachfolgenden Tab. 4.1 werden

© Springer Fachmedien Wiesbaden GmbH 2017   27
M. Furtner, *Dynamische Mitarbeiterführung,* essentials,
DOI 10.1007/978-3-658-17195-7_4

Tab. 4.1 Führungsverhalten an situative Bedingungen anpassen

Führungsver-halten	Art der Macht	Situative Umstände/Fokus	Aufgaben	Geführte
Direktiv	Position/Autorität Befehle Bestrafung	Kurzfristige Ziele Hohe Dringlichkeit und hohes Risiko Effizienz	Unstrukturiert Geringe Kreativität/Innovation	Hohe Abhängigkeit Geringe Motivation Geringe Erfahrungen und Kompetenzen Geringes Entwicklungspotenzial
Kontrollierend (aktives MBE)	Position/Autorität Anweisungen Kontrolle	Kurzfristige Ziele Mittlere bis hohe Dringlichkeit Effizienz	Strukturiert Routinetätigkeit	Hohe Abhängigkeit Geringe Motivation Geringe Erfahrungen und Kompetenzen Geringes Entwicklungspotenzial
Aversiv	Position/Autorität Drohung Bestrafung	Kurzfristige Ziele Hohe Dringlichkeit		Hohe Abhängigkeit Geringe Motivation Niedrige Leistung
Transaktional	Position/Autorität Belohnung	Mittelfristige Ziele Mittlere Dringlichkeit	Strukturiert Klare Ziele (quantifizierbar) Geringe Kreativität/Innovation	Hohe Abhängigkeit Geringe bis mittlere Motivation
Transformational	Inspiration Beziehung	Krisen, hohe Dringlichkeit Kurz-, mittel-, und langfristige Ziele	Unstrukturiert Mittlere bis hohe Kreativität/Innovation	Mittlere bis hohe Abhängigkeit Förderung der intrinsischen Motivation Außergewöhnliche Leistung Hohes Potenzial (Fähigkeiten, Kompetenzen) Hohes Entwicklungspotenzial

(Fortsetzung)

Tab. 4.1 (Fortsetzung)

Führungsver-halten	Art der Macht	Situative Umstände/Fokus	Aufgaben	Geführte
Ermächtigend	Geteilte Macht Self-Leadership	Geringe Dringlichkeit Mittel- bis langfristige Ziele Autonomie Kreativität/Innovation	Unstrukturiert Hohe Kreativität und Innovation	Geringe Abhängigkeit Förderung der intrinsischen Motivation Außergewöhnliche Leistung Hoch qualifiziert und erfahren Nachhaltige Entwicklung

die unterschiedlichen Arten des Führungsverhaltens dargestellt, mit Ausnahme der beiden passivsten und ineffektivsten Formen von Führungsverhalten (passives MBE und Laissez-faire), bei welchen es sich nicht mehr um Führung im eigentlichen Sinne handelt (= zielorientierte Fremdbeeinflussung).

Aufgabenbezogen/autoritär (Gruppe 1)
Direktives, kontrollierendes (aktives MBE) und aversives Führungsverhalten repräsentieren die erste Gruppe: Sie nutzen alle sehr stark die Positionsmacht der Führungskraft, sind auf kurzfristige (dringliche) Ziele und auf maximale Effizienzsteigerung ausgerichtet. Sie nutzen das motivationale Antriebsmittel der Furcht. Anweisungen, Befehle, Kontrolle, Drohung und Bestrafung sind jene Mittel, welche zentral in dieser Gruppe angewendet werden. Die Fähigkeiten, Kompetenzen, Erfahrungen sowie das Entwicklungspotenzial der Geführten sind relativ gering ausgeprägt. Gruppe 1 fördert wenig die langfristige und nachhaltige Entwicklung der Mitarbeiter und legt nur einen geringen Fokus auf die Entwicklung von Kreativität und Innovation. Es muss darauf verwiesen werden, dass eine situativ angemessene Anwendung der ersten Gruppe kurzfristig effektiv sein kann. Beispielsweise konnten Lorinkova et al. (2013) belegen, dass direktives Führungsverhalten im Vergleich zu Empowering Leadership kurzfristig zu höheren Teamleistungen führt. Mittel- und langfristig zeigten die Teams unter einem ermächtigenden Führungsverhalten jedoch die höheren Leistungen. Dauerhaft angewandt kann ein Führungsverhalten aus der ersten Gruppe negative Konsequenzen auf die Arbeitszufriedenheit und Arbeitsleistung ausüben. Erhöhte Krankenstände und Kündigungen können die Folge sein.

Aufgabenbezogen/transaktional (Gruppe 2)
Transaktionales Führungsverhalten (Contingent Reward) nutzt die Positions-, die Belohnungs- und im reduzierten Maße die Bestrafungsmacht. Mittelfristige Ziele (z. B. Quartals-, Jahresziele) stehen im Vordergrund, welche gut quantifiziert werden können. Contingent Reward eignet sich bei strukturierten Aufgaben mit klaren Zielen und fördert die extrinsische Motivation der Geführten. Eine langfristige Entwicklung der Geführten steht ebenso wenig im Vordergrund wie die Förderung von Kreativität und Innovation. Die ersten beiden Gruppen haben gemeinsam, dass ein stärker aufgabenbezogenes Führungsverhalten im Vordergrund steht. Die Führungsforschung zeigt, dass Contingent Reward zudem Beziehungen zur dritten Gruppe (insbesondere zur transformationalen Führung) aufweist (Furtner und Baldegger 2016).

Mitarbeiterbezogen/demokratisch (Gruppe 3)
Transformationales und ermächtigendes Führungsverhalten repräsentieren die dritte Gruppe. Sie fokussieren sich auf ein mitarbeiterorientiertes Führungsverhalten. Während die transformationale Führung mittels Visionen und Inspiration ihre Geführten beeinflusst und zugleich auf deren Bedürfnisse eingeht, fokussiert sich Empowering Leadership auf die Autonomie und die Selbstentwicklung von hoch qualifizierten und erfahrenen Geführten. Transformationales Führungsverhalten ist besonders in Krisensituationen geeignet, wenn ein starkes Bedürfnis nach Sicherheit und Veränderung besteht. Es kann bei den Geführten eine neue Begeisterung entfachen und zu außergewöhnlichen Leistungen führen. Ein ermächtigendes Führungsverhalten teilt sich die Macht, das Wissen und die Kontrolle mit den Geführten. Eine hohe Autonomie wird gewährt und der Fokus liegt klar auf der Entwicklung der Self-Leadership-Fähigkeiten der Geführten. Empowering Leadership bietet sich an, wenn sowohl die Kreativität, Innovation und Leistung bei hoch qualifizierten Geführten gefördert werden sollen und langfristige Ziele sowie eine nachhaltige Entwicklung der Mitarbeiter im Vordergrund stehen.

Welche Strategie sollen Führungskräfte verfolgen, um ein situationsadäquates Führungsverhalten zu zeigen? Sims et al. (2009) beschreiben fünf zentrale Schritte, welche eine Führungskraft anwenden kann, um ein passendes Führungsverhalten zu zeigen:

1. *Führungsziele identifizieren:* Welche Ziele verfolgen die Führungskraft und die Organisation?
2. *Geeignetes Führungsverhalten auswählen:* Die Führungskraft wählt ein Führungsverhalten aus, welches passend zur jeweiligen Situation eingesetzt werden kann.

3. *Situative Bedingungen erkennen:* Beispielsweise Dynamik der Branche, Dringlichkeit der Aufgabenbearbeitung und Zusammensetzung des Teams (Erfahrungen, Kompetenzen).
4. *Führungsverhalten an situative Bedingungen anpassen:* Beispielsweise kann ein direktives Führungsverhalten bei wenig erfahrenen Mitarbeitern in sehr dringlichen Situationen oder ein ermächtigendes Führungsverhalten bei erfahrenen Mitarbeitern in weniger dringlichen Situationen angewendet werden.
5. *Wie kann das Führungsverhalten an situative Bedingungen angepasst werden?* Entweder die Führungskraft kann ihr Führungsverhalten an die entsprechende Situation anpassen oder eine andere Führungskraft mit einem passenderen Führungsverhalten übernimmt die Führungsrolle.

Bekannte situative Führungsansätze der vergangenen Jahrzehnte wurden stark dafür kritisiert, dass sie zu intuitiv und zu wenig theoretisch fundiert sind. Zudem konnten sie kaum in empirischen Studien bestätigt werden. Empirische Belege für situative Elemente der Führung sind für Podsakoff et al. (1995) wie die Suche nach der berühmten Stecknadel im Heuhaufen. Dynamische Mitarbeiterführung verlangt eine aktive, achtsame und flexible Führungskraft, um in verschiedenen Situationen ein angemessenes Führungsverhalten zu zeigen. Gruppe 1 beschreibt mit dem direktiven, kontrollierenden (aktives MBE) und aversiven Führungsverhalten ein stärker aufgabenbezogenes und autoritäres (autokratisches; Lewin et al. 1939) Führungsverhalten, welches sich auf kurzfristige und dringliche Ziele fokussiert und auf Geführte, deren Motivation und Erfahrung gering ausgeprägt sind. Transaktionales Führungsverhalten (Contingent Reward) repräsentiert ebenfalls ein stärker aufgabenbezogenes Führungsverhalten, welches sich besonders auf mittelfristige Ziele fokussiert und die extrinsische Motivation der Geführten anregt. Gruppe 3 repräsentiert mit dem transformationalen und ermächtigenden Führungsverhalten ein stärker mitarbeiterbezogenes und demokratisches (Lewin et al. 1939) Führungsverhalten. Beide Arten des Führungsverhaltens gewähren ihren Mitarbeitern ein höheres Ausmaß an Vertrauen und regen besonders das Commitment, die intrinsische Motivation und die Leistung der Geführten an. Transformationales Führungsverhalten ist in Krisenzeiten sehr effektiv und kann sich sowohl auf kurz-, mittel- und langfristige Ziele fokussieren. Das ermächtigende Führungsverhalten bietet sich für langfristige Ziele und eine nachhaltige Selbstentwicklung der Geführten an. Insbesondere hoch qualifizierte, kompetente und erfahrene Geführte profitieren von einer hohen Autonomie. Ein ermächtigendes Führungsverhalten zielt darauf ab, die geeigneten autonomen Rahmenbedingungen zu schaffen sowie die Selbstentwicklung (Self-Leadership-Fähigkeiten) der Geführten zu fördern, um ein kreatives, innovatives und leistungsorientiertes Umfeld zu formen.

Was Sie aus diesem *essential* mitnehmen können

- In der Führungsrealität existiert *kein* „bestes" Führungsverhalten, welches über alle Situationen hinweg effektiv ist
- Führungseffektivität ist im hohen Ausmaß von der Situation abhängig
- Dynamische Mitarbeiterführung beschreibt einen situativen Führungsansatz, welcher die Vorzüge verschiedener Arten von Führungsverhalten für die jeweilige Führungssituation beschreibt
- Führungskräfte sollten ihr Führungsverhalten flexibel an bestimmte Situationen anpassen
- Mindfulness ist eine zentrale Basis für die dynamische Mitarbeiterführung
- Achtsame Führungskräfte sind sich ihrer selbst, ihrer Geführten sowie ihrer Umwelt bewusst und zeigen ein authentisches Führungsverhalten
- Direktives, kontrollierendes (aktives MBE) und aversives Führungsverhalten eignen sich bei dringlichen Zielen und wenig erfahrenen oder motivierten Geführten. Diese aufgabenbezogenen und autoritären Formen von Führungsverhalten nutzen die Positions- und Bestrafungsmacht, um kurzfristig die Effizienz zu steigern
- Transaktionales Führungsverhalten (Contingent Reward) ist ebenfalls stärker aufgabenbezogen und nutzt die Positions- und Belohnungsmacht. Es eignet sich bei klaren mittelfristigen Zielen und strukturierten Aufgaben
- Transformationales und ermächtigendes Führungsverhalten sind stärker mitarbeiterbezogen und zudem kreativitäts- und innovationsförderlich
- Transformationales Führungsverhalten ist in Krisenzeiten sehr effektiv und beeinflusst die Geführten mittels Visionen, Inspiration und Charisma

© Springer Fachmedien Wiesbaden GmbH 2017
M. Furtner, *Dynamische Mitarbeiterführung*, essentials,
DOI 10.1007/978-3-658-17195-7

- Die ermächtigende Führung eignet sich bei hoch qualifizierten, erfahrenen und motivierten Mitarbeitern. Die Autonomie und Selbstentwicklung der Geführten stehen im Vordergrund
- Passives MBE und Laissez-faire-Führungsverhalten repräsentieren zwei sehr ineffektive Formen von Führungsverhalten. Sie sollten in jeglicher Situation vermieden werden

Literatur

Adams, J. S. (1963). Wage inequities, productivity, and work quality. *Industrial Relations, 3,* 9–16.

Avolio, B. J., Bass, B. M., & Jung, D. I. (1999). Re-examining the components of transformational and transactional leadership using the multifactor leadership questionnaire. *Journal of Occupational Health Psychology, 72,* 441–462.

Avolio, B. J., Gardner, W. L., Walumbwa, F. O., Luthans, F., & May, D. R. (2004). Unlocking the mask: A look at the process by which authentic leaders impact follower attitudes and behaviors. *The Leadership Quarterly, 15,* 801–823.

Bandura, A. (1986). *Social foundations of thought and action: A social cognitive theory.* Englewood Cliffs: Prentice-Hall.

Bass, B. M., & Avolio, B. J. (1990). *Full range leadership development: Advanced workshop manual.* Binghamton: Center for Leadership Studies.

Bass, B. M., & Riggio, R. E. (2006). *Transformational leadership.* Mahwah: Lawrence Erlbaum.

Black, D., & Slavich, G. M. (2016). Mindfulness meditation and the immune system: A systematic review of randomized controlled trials. *Annals of the New York Academy of Sciences, 1373,* 13–24.

Boyatzis, R., & McKee, A. (2005). *Resonant leadership: Renewing yourself and connecting with others through mindfulness, hope, and compassion.* Boston: Harvard Business School Press.

Breevaart, K., Bakker, A. B., Hetland, J., Demerouti, E., Olsen, O. K., & Esevik, R. (2014). Daily transactional and transformational leadership and daily employee engagement. *Journal of Occupational and Organizational Psychology, 87,* 138–157.

Breevaart, K., Bakker, A. B., Demerouti, E., & Derks, D. (2016). Who takes the lead? A multi-source diary study on leadership, work engagement, and job performance. *Journal of Organizational Behavior, 37,* 309–325.

Brown, K. W., & Ryan, R. M. (2003). The benefits of being present: Mindfulness and its role in psychological well-being. *Journal of Personality and Social Psychology, 84,* 822–848.

Deci, E. L., & Ryan, R. M. (1987). The support of autonomy and control of behavior. *Journal of Personality and Social Psychology, 53,* 1024–1037.

Fleishman, E. A. (1953). The description of supervisory behavior. *Journal of Applied Psychology, 37,* 1–6.

© Springer Fachmedien Wiesbaden GmbH 2017
M. Furtner, *Dynamische Mitarbeiterführung,* essentials,
DOI 10.1007/978-3-658-17195-7

Fox, K. C., Nijeboer, S., Dixon, M. L., Floman, J. L., Ellamil, M., Rumak, S. P., et al. (2014). Is meditation associated with altered brain structure? A systematic review and meta-analysis of morphometric neuroimaging in meditation practitioners. *Neuroscience and Biobehavioral Reviews, 43*, 48–73.

French, J. R. P., & Raven, B. (1959). The basis of social power. In D. Cartwright (Hrsg.), *Studies in social power* (S. 150–167). Ann Arbor: University of Michigan, Institute for Social Research.

Furtner, M. (2012a). *Self-Leadership: Assoziationen zwischen Self-Leadership, Selbstregulation, Motivation und Leadership.* Lengerich: Pabst Science Publishers.

Furtner, M. (2012b). Wie beeinflussen Motive das Führungsverhalten? *Journal Psychologie des Alltagshandelns/Psychology of Everyday Activity, 5*, 52–65.

Furtner, M. (2016). *Effektivität der transformationalen Führung: Helden, Visionen und Charisma.* Wiesbaden: Springer Gabler.

Furtner, M. (2017). *Empowering Leadership: Mit selbstverantwortlichen Mitarbeitern zu Innovation und Spitzenleistungen.* Wiesbaden: Springer Gabler.

Furtner, M., & Baldegger, U. (2016). *Self-Leadership und Führung: Theorien, Modelle und praktische Umsetzung* (2. Aufl.). Wiesbaden: Springer Gabler.

Furtner, M. R., Baldegger, U., & Rauthmann, J. F. (2013). Leading yourself and leading others: Linking self-leadership to transformational, transactional, and laissez-faire leadership. *European Journal of Work and Organizational Psychology, 22*, 436–449.

Gagné, M., & Deci, E. L. (2005). Self-determination theory and work motivation. *Journal of Organizational Behavior, 26*, 331–362.

Gardner, W. L., Avolio, B. J., Luthans, F., May, D. R., & Walumbwa, F. O. (2005). Can you see the real me? A self-based model of authentic leader and follower development. *The Leadership Quarterly, 16*, 343–372.

George, B. (2012). Mindfulness helps you become a better leader. http://gsg.students.mtu.edu/wordpress/wp-content/uploads/2015/11/Mindfulness-Helps-You-Become-a-Better-Leader-article-2.pdf.

Gotink, R. A., Chu, P., Busschbach, J. J.V., Benson, H., Fricchione, G. L., & Hunink, M. G. M. (2015). Standardised mindfulness-based interventions in healthcare: An overview of systematic reviews and meta-analyses of RCTs. *Plos One, 10*(4), e0124344. doi:10.1371/journal.pone.0124344.

Hersey, P., & Blanchard, K. (1982). *Management of organizational behavior* (4. Aufl.). Englewood Cliffs: Prentice Hall.

Houghton, J. D., & Yoho, S. K. (2005). Toward a contingency model of leadership and psychological empowerment: When should self-leadership be encouraged? *Journal of Leadership and Organizational Studies, 11*, 65–83.

House, R. J. (1971). A path goal theory of leader effectiveness. *Administrative Science Quarterly, 16*, 321–338.

House, R. J. (1977). A 1976 theory of charismatic leadership. In J. G. Hunt & L. L. Larson (Hrsg.), *Leadership: The cutting edge* (S. 189–207). Carbondale: Southern Illinois University Press.

House, R. J., & Mitchell, T. R. (1974). Path-goal theory of leadership. *Journal of Contemporary Business, 3*, 81–97.

House, R. J., & Shamir, B. (1993). Toward the integration of transformational, charismatic and visionary theories of leadership. In M. Chemers & R. Ayman (Hrsg.), *Leadership: Perspectives and research directions* (S. 81–107). San Diego: Academic Press.

Kanfer, F. H., Reinecker, H., & Schmelzer, D. (2012). *Selbstmanagement-Therapie: Ein Lehrbuch für die klinische Praxis*. Berlin: Springer.

Katz, D., Maccoby, N., & Morse, N. (1950). *Productivity, supervision, and morale in an office situation*. Ann Arbor: Institute for Social Research.

Khoury, B., Sharma, M., Rush, S. E., & Fournier, C. (2015). Mindfulness-based stress reduction for healthy individuals: A meta-analysis. *Journal of Psychosomatic Research, 78,* 519–528.

Lewin, K., Lippitt, R., & White, R. K. (1939). Patterns of aggressive behavior in experimentally created social climates. *Journal of Social Psychology, 10,* 271–301.

Lorinkova, N. M., Pearsall, M. J., & Sims, H. P. (2013). Examining the differential longitudinal performance of directive versus empowering leadership in teams. *Academy of Management Journal, 56,* 573–596.

Manz, C. C., & Sims, H. P. (1980). Self-management as a substitute for leadership: A social learning theory perspective. *Academy of Management Review, 5,* 361–367.

Manz, C. C., & Sims, H. P. (1991). SuperLeadership: Beyond the myth of heroic leadership. *Organizational Dynamics, 19,* 18–35.

McGregor, D. (1960). *The human side of enterprise*. New York: McGraw-Hill.

McKee, A., & Massimilian, D. (2006). Resonant leadership: A new kind of leadership for the digital age. *Journal of Business Strategy, 27,* 45–49.

Pearce, C. L. (2007). The future of leadership development: The importance of identity, multi-level approaches, self-leadership, physical fitness, shared leadership, networking, creativity, emotions, spirituality and on-boarding processes. *Human Resource Management Review, 17,* 355–359.

Pearce, C. L., Sims, H. P., Cox, J. F., Ball, G., Schnell, E., Smith, K. A., et al. (2003). Transactors, transformers and beyond: A multi-method development of a theoretical typology of leadership. *Journal of Management Development, 22,* 273–307.

Podsakoff, P. M., MacKenzie, S. B., Ahearne, M., & Bommer, W. H. (1995). Searching for a needle in a haystack: Trying to identify the illusive moderators of leadership behaviors. *Journal of Management, 21,* 422–470.

Quach, D., Jastowski Mano, K. E., & Alexander, K. (2016). A randomized controlled trial examining the of mindfulness meditation on working memory capacity in adolescents. *Journal of Adolescent Health, 58,* 489–496.

Reb, J., Narayanan, J., & Chaturvedi, S. (2014). Leading mindfully: Two studies on the influence of supervisor trait mindfulness on employee well-being and performance. *Mindfulness, 5,* 36–45.

Roche, M., Haar, J. M., & Luthans, F. (2014). The role of mindfulness and psychological capital on the well-being of leaders. *Journal of Occupational Health Psychology, 19,* 476–489.

Sims, H. P., Faraj, S., & Yun, S. (2009). When should a leader be directive or empowering? How to develop your own situational theory of leadership. *Business Horizons, 52,* 149–158.

Skinner, B. F. (1938). *The behavior of organisms: An experimental analysis*. New York: Appleton-Century-Crofts.

Teper, R., Segal, Z. V., & Inzlicht, M. (2013). Insight the mindful mind: How mindfulness enhances emotion regulation through improvements in executive control. *Current Directions in Psychological Science, 22,* 449–454.

Thompson, G., & Vecchio, R. P. (2009). Situational leadership theory: A test of three versions. *The Leadership Quarterly, 20,* 837–848.

Thoresen, C. E., & Mahoney, M. J. (1974). *Behavioral self-control*. New York: Holt, Rinehart & Winston.

Thorndike, E. L. (1911). *Animal intelligence: Experimental studies*. New York: Hafner.

Trice, H. M., & Beyer, J. M. (1986). Charisma and its routinization in two social movement organizations. *Research in Organizational Behavior, 8,* 113–164.

Vroom, V. H. (1964). *Work and motivation*. New York: Wiley.

Weber, M. (1947). *The theory of social and economic organizations*. New York: Free Press.

Wong, S. I., & Giessner, S. R. (in press). The thin line between empowering and laissez-faire leadership: An expectancy-match perspective. *Journal of Management*. doi:10.1177/0149206315574597.

Yukl, G. A. (1998). *Leadership in organizations*. Englewood Cliffs: Prentice Hall.

Lesen Sie hier weiter

Marco Furtner

Empowering Leadership
Mit selbstverantwortlichen
Mitarbeitern zu Innovation
und Spitzenleistungen

2016, IX, 38 S.
Softcover: € 9,99
ISBN: 978-3-658-16059-3

Änderungen vorbehalten.
Erhältlich im Buchhandel oder beim Verlag.

Einfach portofrei bestellen:
leserservice@springer.com
tel +49 (0)6221 345 - 4301
springer.com

Lesen Sie hier weiter

Marco Furtner, Urs Baldegger

Self-Leadership und Führung
Theorien, Modelle und
praktische Umsetzung

2. Aufl. 2016, XI, 273 S.
Softcover: € 9,99
ISBN 978-3-658-13044-2

Änderungen vorbehalten.
Erhältlich im Buchhandel oder beim Verlag.

Einfach portofrei bestellen:
leserservice@springer.com
tel +49 (0)6221 345-4301
springer.com